Gedankenmeer.

von Marc Ritz

Bibliografische Information der Deutschen Nationalbibliothek: Die Deutsche Nationalbibliothek verzeichnet diese Publikation in der Deutschen Nationalbibliografie; detaillierte bibliografische Daten sind im Internet über dnb.dnb.de abrufbar.

© 2023 Marc Ritz
Herstellung und Verlag: BoD – Books on Demand, Norderstedt

Covergestaltung: Marc Ritz

ISBN 9783757806460

Für Lina.

More than life.
Always.

Ist der Scheiß eigentlich schon Poesie?

Auf einem Meer aus Gedanken
bist du die Insel
zu der ich immer wieder zurück getrieben
werde

Du lässt mich treiben
hinaus aufs Meer
doch je weiter ich mich von dir entferne,
desto näher treibt es mich zu dir.
Denn die Welt ist eine Kugel.

Und du bist meine Welt.

Ich lasse dich niemals fallen.
Aber um dich festhalten zu können,
musst du mir deine Hand reichen!

Wenn jemand dich „liebt",
dann liebt er nur diese Illusion von dir
aber nicht das,
was und wer du eigentlich bist.

Ich liebe das, was du bist
und nicht diese Illusion von dir!

Ich war schwach
und du hast mich verlassen.
Jetzt bin ich wieder stark.
Aber meine einzige Schwäche
bist du.

Warum suchst du deinen Halt
nicht bei mir?
Ist dir meine Nähe und Hilfe
garnichts wert?

„Spatzi, ich liebe dich über alles, aber…"
Wahre Liebe hat kein „aber".
Nicht für mich.

Ob du wohl irgendwann in deinem Leben
an einem Punkt stehen wirst,
an dem du dir wünschst,
du hättest doch mich genommen?

Ich hasse es,
wenn es dir nicht gut geht
und ich nicht für dich da sein darf.
Ich würde es so gerne.
Doch andererseits:
warst du es immer für mich,
wenn ich es gebraucht hätte?

Bei mir würde es dir niemals passieren,
dass du nicht „genug" bist.
Denn du bist alles was ich will,
mehr als ich verdient habe
und besser als du denkst.

Abstand von dir zu halten
treibt mich immer nur noch weiter
zu dir hin.
Von dir getrennt zu sein
bringt mich nur noch näher zu dir.

Ich war fragil
und ob du es wolltest
oder nicht
aber du hast mich zerbrochen.
Und nur du kannst mich reparieren
und diese Scherben
wieder zusammenfügen.

Ich hasse mein Leben.
Ohne Dich.
Ohne dass ich es mit dir verbringen darf.
Ohne dass du ein Teil davon bist.

Eines Tages wirst du einsehen,
dass ich der Richtige bin für dich.
Und du die Richtige für mich.

Du suchst ständig einen Menschen,
der dir gut tut.
Doch bist du dafür überhaupt bereit?
Dass dir jemand ernsthaft
und auch dauerhaft „gut tut"?

Warum können wir beide
nicht einfach (wieder) zusammen
glücklich sein?
Wie wir es mal waren.

Ich habe gelernt,
ohne dich zu leben.
Aber ohne dich glücklich zu werden,
das werd ich niemals lernen.

Ich verbringe mein ganzes Leben damit
auf dich und deine Liebe zu warten.
Und wenn es ein ganzes Leben lang
dauern mag.

Diese Vorstellung,
wie ein anderer Mann dich berührt
zerreißt mir das Herz.
Dass er bekommt,
was ich so sehr begehr.
Das zu ertragen
ist unfassbar schwer.
Das was ich wollte
warst immer nur du.
Für jede andere
bleibt mein Herz einfach zu.

Ich bin mir sicher,
ich bin der Mann,
der dich glücklich machen kann.
Aber du gabst mir niemals
die Chance dazu.
Nahmst lieber das Risiko hin,
dass wir beide
niemals glücklich werden mögen.

Ich erkenne meine Schwächen und Fehler
und arbeite an ihnen.
Nur du machst deine Fehler
immer wieder.
Ich versuche mich zu ändern,
zu verbessern, wieder stark zu sein.
Doch du änderst an dir nichts
und fällst immer wieder
in ein tiefes Loch hinein.

Nimmst du mich überhaupt noch wahr,
als Mann?
Oder bin ich nur ein Ort,
an den man flüchten kann?

Mir ist bewusst,
so wirst du mich niemals lieben können.
Wenn ich dieser Ort nicht mehr bin,
kannst du es dann?

Das was du Liebe nennst,
was hat es dir gebracht?
Du wurdest jedes Mal verletzt,
liegst am Boden, bist schwach.
Denn das was du Liebe nennst
sagt dir nur deine Mu****,
nicht dein Kopf und dein Herz.

Ob du mich irgendwann mal sehen wirst,
wie ich mit einer anderen Frau
durch die Stadt gehe
und sie glücklich wirkt.
Und du dir dann denkst,
was du da nur gehen ließest?

Du realisierst, welch Glück
dir entgangen ist?

Niemals in meinem Leben
war mir etwas so ernst wie du.
Darum kämpf ich um dich
und find keine Ruh.
Die Ohnmacht lähmt mich
und hält mich fest.
Ein unbändig verlangen,
das mich niemals verlässt.

Ich habe meine Liebe zu dir
mit Farbe und Blut
auf meine Haut gebannt.
Ob ich dies irgendwann bereuen werde?
Nein, denn es wird mich immer erinnern:
Ich habe – einmal – wahrhaftig geliebt.

Ich habe gelernt
ohne dich zu leben,
denn zum leben
brauch ich dich nicht.

Aber ohne dich
glücklich zu werden,
das schaff ich nicht.

Denn um glücklich zu sein
brauche ich dich!

Mein Herz ist wie ein Puzzle,
ein einfaches Motiv.
Doch fertig wird es nie,
denn das wichtigste Teil fehlt
und das bist du.

Ohne dich bleibt es immer
nur das was es ist:
ein zerstückeltes Bild.

Deine Vergangenheit ist mir egal,
solange ich deine Zukunft bin.
Ich wünschte mir,
meine Vergangenheit wär dir egal,
so dass ich deine Zukunft sein kann.

Was muss ich tun,
dass du mich so liebst,
wie ich dich?
Welcher Mensch muss ich dazu werden?
Reicht es nicht aus,
dass ich dich grenzenlos liebe?
Mehr als ich mich.

Ein ganzes Leben lang
habe ich gewartet
nur auf dich.
Und wenn es sein muss
warte ich nochmal
ein Leben lang.
Nur auf dich.

Ich verlier mich in deinen Augen,
blau wie ein tiefer See.
Und doch schenken sie mir wärme,
nach der ich mich so sehn.
Und das funkeln darin,
wenn du glücklich bist.
Mir mehr wert als Gold,
das wonach ich streb.

Du redest dir ein,
für andere verantwortlich zu sein
und dich selbst dafür zurück zu nehmen.
Damit deine eigenen Sorgen
weiter weg wirken.
Aber tust du dies nicht,
sondern lebst dein Leben wie immer –
chaotisch und nach Halt suchend.
Und trotzdem raubst du dir selbst die Kraft,
indem du denkst,
für andere auf alles zu verzichten.

Du hältst dich lieber an jemand anderen fest
der untergeht,
nur um nicht zu merken,
wie du selbst ertrinkst.

Du drängst mich weg,
weil ich mich an dich klammere,
an das gute Gefühl,
dass du mir gabst und gibst.
Doch je fester und weiter
du mich drängst,
umso fester klammere ich mich an dich,
an das gute Gefühl,
dass du mir gabst und gibst.

Ohne dich hätte ich niemals
die Kraft gehabt,
zu fliehen
aus meinem goldenen Käfig.
Aus diesem Gefängnis,
welches mir die Luft zum Atmen nahm
und die Freude am Leben.

Nun ist nur noch mein Herz gefangen.
Bei dir.

Ich möchte für dich da sein,
dir helfen in der Zeit
deiner Schwäche.
Noch mehr als du es einst
für mich getan hast.
Doch siehst du in mir noch immer
meine Schwäche,
die du einst ausgelöst hast.

Nun bin ich aber nicht mehr schwach,
außer ich denke an dich.

Dein Zimmer ist mein Garten Eden,
dein Bett meine Wolke 7,
in deinen Armen mein rettender Hafen,
an deiner Seite meine Bestimmung.

Du bist so perfekt unperfekt
mit all deinen Fehlern und Schwächen.
Ich liebe jeden Makel an deinem Körper,
jeden Fleck den du so sehr verdammst.
Denn all das ist ein Teil deines Seins.
Und trotz all dem,
was du an dir selbst hasst,
bist du in meinen Augen
die schönste Frau der Welt.

Mein Leben läuft soweit gut,
nur das etwas fehlt.
Die Verzweiflung,
die Schwäche und Angst
sind von mir gegangen.
Ich bin jetzt ein neuer Mensch.
Doch weinen muss ich noch immer,
aber nur wegen dir.

Ich bereue so sehr,
die falsche Frau geheiratet zu haben.
So viel Zeit,
an die falsche verschwendet.
Wie würde mein Leben wohl aussehen,
hätte ich die richtige geheiratet,
die ich erst so spät gefunden habe?

Und lieber sehne ich mich
ein Leben lang danach,
es mit der richtigen Frau
zu verbringen,
bevor ich meine Zeit
nochmal mit der falschen verschwende.

Es ist nicht wichtig,
was wir tun,
wohin wir fahren
oder wo wir schlafen.
Solange wir es gemeinsam tun!
Für immer.

Du machst lieber ständig wieder
einen Re-Start,
anstatt an dem zu arbeiten,
was du hast.
Wie bei einem Videospiel,
bei dem du eine Mission
nicht geschafft hast.

Neu starten,
nochmal von vorne beginnen.
Immer und immer wieder.

Ich will mit dir
jeden Weg gehen,
den du gehst,
lass dich niemals allein.
Und hast du dich mal verirrt,
führe ich dich zurück,
auf sichere Pfade.
Nehme dich bei der Hand
und geh den Weg
mit dir zusammen.

Du und ich, das war schon immer
etwas Besonderes:

Besonders schön
Besonders intensiv
Besonders lustig
Besonders leidenschaftlich
Besonders vertraut
Besonders verrückt
Besonders ehrlich
Besonders kompliziert
Besonders verletzend

Immer wenn du jemand neues hast,
tut mir das weh.
Aber am meisten schmerzt,
dass ich dann wieder
auf dem Abstellgleis steh.
Auf der Reservebank,
niemals die erste Wahl.
Doch ist er wieder weg,
bin ich wieder da.

Kann ich niemals genug sein?

Und hätte ich
noch neun weitere Leben,
ich würde sie alle
mit dir verbringen wollen.
Doch leider habe ich nur dieses eine,
dass ich mit dir verbringen könnte.
Zu viel Zeit
in diesem Leben
habe ich bereits verschwendet,
so dass jede weitere Sekunde
mit dir unglaublich wertvoll ist.

Und könnte ich noch neun
weitere Leben mit dir verbringen,
so wäre keine Sekunde
davon verloren oder verschwendet.

Und müsste ich meine Seele
dem Teufel vermachen
für nur nochmal eine einzige Nacht
in deinen Armen,
so sei sie auf ewig sein!
Doch mein Herz
das bekommt er nicht,
denn es ist bereits auf ewig dein!

Die Zeit selbst hat nicht so viel Zeit,
wie ich mit dir verbringen möchte!

***

Ich liebe.
So intensiv wie nie.

***

Und sollte dein Herz
einst den Dienst versagen –
so nimm meines,
denn es hat schon immer
dir gehört.

Einen kurzen Moment,
so flüchtig wie Sand,
der in den Fingern verrinnt,
war ich so glücklich wie nie,
mit dir im Arm,
von der Sonne gewärmt
und den See im Blick.

In diesem Moment,
so flüchtig wie Sand,
der in den Fingern verrinnt,
fühlte ich nur
unbeschreibliches Glück.

„Was wäre, wenn?",
die schlimmste Frage,
die einen Menschen quält.
Doch was wäre, wenn
wir beide wirklich füreinander
bestimmt sind?

Du suchst die Liebe,
doch bist du überhaupt für sie bereit?
Du spürst meine Liebe,
doch möchtest sie nicht.
Ist sie dir vielleicht zu „echt",
dass du sie nicht erträgst?

Ich war mit niemandem
jemals so glücklich,
wie mit dir.
Das wieder zu wollen,
ist das verkehrt?
Vermessen zu hoffen,
dieses Glück wieder zu fühlen.
Bin ich ein schlechter Mensch,
mich danach zu sehnen?
Diesem Gefühl,
angekommen zu sein?

Du bist alles für mich,
mein Grund zu lächeln
und morgens aufzustehen,
zu leben und zu kämpfen,
meinen Weg zu gehen.
Denn du machst mein Leben
erst lebenswert.

Dich zu berühren
ist wie ein Fest der Sinne
und doch so vertraut
als berührte ich mich selbst.
Denn du bist ein Teil von mir.
Der beste Teil.

Bei dir verspüre ich zum erst Mal
den Wunsch, den Drang,
einer Frau absolut treu zu sein.
Denn ich weiß genau,
neben dir brauch ich keine andere.
Bei dir habe ich alles,
was ich mir wünsche, will und brauch.

Ich bin kein Ritter,
in glänzender Rüstung,
der die Dame
mit mutigen Taten gewinnt.
Und doch besiegte ich den Drachen,
der mich gefangen hielt,
denn ich bin für dich bestimmt.
Ich habe mit Dämonen gerungen,
sie in die Hölle verbannt.
Auch wenn ich selbst schon
an ihrer Pforte stand.
Noch immer kämpfe ich
um die Dame,
mit Worten und Sein.
Denn ich bin für immer dein,
sei du endlich mein.

Denn sind nicht auch dies,
mutige Taten?

Und öffne ich morgens meine Augen
bist mein erster Gedanke du.
Und überkommt mich des Tages
Unfriede im Herz,
dann liegt es daran,
dass ich nur an dich denke.
Schließe ich des Abends meine Augen,
kann ich nicht schlafen,
denn jeder Gedanke bist du!

Und wärst du endlich mein,
wir beide vereint,
wüsste ich nicht,
ist's nur ein schöner Traum
oder bin ich schon eingegangen
ins Elysium.

Es heißt immer
„Hartnäckigkeit zahlt sich aus",
doch dir ist es zu viel.
Aber ich kann mich nicht verstellen,
für mich ist das kein Spiel.
Noch nie im Leben
war mir etwas so ernst wie du.
Ich bin dir verfallen,
aufzugeben lass ich mir selbst nicht zu.
Ich bemühe mich um dich,
so lange ich kann.
Denn nur du machst mich
zu einem besseren Mann.

Ich hatte niemals erwartet,
jemand wie dich zu treffen,
nicht in tausend Jahren!
Doch ist es geschehen,
ich hab dich gefunden,
die eine unter Milliarden.
Die den Verstand mir raubt,
meine Fehler läutert.
Die meine Seele berührt,
mir alles bedeutet.

Wenn ich wach liege des Nachts
und mich die Kälte umfängt,
sehn' ich mich nach deiner Wärme,
die die Kälte verdrängt.

***

Du schiebst einen Film
in deinem Kopf,
deshalb willst du mich nicht.
Doch was bleibt,
wenn der Abspann zu Ende ist?

Dieser kleine Fleck,
auf deiner rechten Wange,
der dich so einzigartig macht.
Deine vollen Lippen
laden zum Küssen ein,
Tag und Nacht.
Dein schlanker Hals,
die Haut so zart,
ihn zu liebkosen
ist was ich so mag.
Ich verzehre mich nach dir,
deiner Hand auf meiner Brust.
Bin Sklave deiner Blicke,
gefesselt von Lust.

Fallen ist wie Fliegen,
für einen kurzen Moment.
Ich falle, hältst du mich fest?
Oder überlässt du mich dem Abgrund,
weil du fürchtest,
ich zieh dich mit hinab?
Doch mit dir wachsen mir Flügel,
mit denen ich uns beide trag.

Ich denke jedes Mal an dich,
wenn ich „Dinge tu",
in meiner Vorstellung
bist es jedes Mal du.
Vertraut und sinnlich,
so wie einst.
Dein Körper mein Tempel,
zuckend vor Lust und Begierde,
du wolltest mich, ich wollte dich.
Unsere Leiber verschlungen,
verschmolzen zu einem.

Andere Menschen glauben an Gott
und finden so ihren Frieden.
Ich glaube fest daran,
dass du eines Tages mein sein wirst.
Eine Hoffnung die für mich
mehr wert ist, als das Versprechen
vom ewigen Leben.
Denn wenn ein Leben ohne dich ist,
soll es nicht ewig sein!

Du bist ja nicht (aktiv) daran schuld,
dass ich dich so liebe.
Du bist einfach nur so,
wie du bist.
Und genau das was du bist,
liebe ich.

Alle sagen nur:
„Du wirst die Richtige schon noch finden."
Doch dies wird nicht geschehen,
denn ich habe sie schon gefunden.
In dir.

Einst war ich der Mann,
der alles hatte
und doch nicht glücklich war.
Dann verlor ich alles,
doch ich hatte dich
und war glücklich.
Jetzt habe ich wieder alles,
doch nicht mehr dich.
Und wieder bin ich nicht glücklich.

Was gäbe ich darum,
noch einmal diesen Blick
in deinen Augen zu sehen,
wenn du mich ansiehst!
Das Verlangen, die Zuneigung,
wie damals, als du mich noch
als Mann gesehen hast.

Erinnerst du dich, als wir dalagen,
verschwitzt und nackt?
Noch ineinander verschlungen,
direkt nach dem Akt?
Und ich dir in die Augen blickte,
über deine Wange strich
und dir sagte:
„Mit jedem Fleck auf deinem Körper,
bist du die schönste Frau für mich!"

Es ist die Mühe nicht mehr wert,
mich mit deinen Spielzeugen
zu arrangieren.
Denn ich sehe sie als das,
was sie sind:
eine flüchtige Ablenkung,
ein weiterer verzweifelter Versuch,
ein Ärgernis auf meinem Weg.
Ein Schrei nach Bestätigung.
Für mich eine weitere Prüfung,
auf dem Weg zu alter Stärke.
Damit ich deiner würdig bin.

Ja, die Zeit mag verschwendet
gewesen sein.
Doch war sie auch eine Lektion.
Nicht mehr an falschem festzuhalten,
aus Angst und Gewohnheit.
Sondern nach dem zu streben,
was mich glücklich macht,
ohne dabei etwas von mir zu fordern,
dass ich nicht geben kann und will,
was mich langsam zerstört,
meinen Geist malträtiert.
Sondern um den Menschen zu kämpfen,
der mich erfüllt wie er ist
und mich macht zu einem besseren selbst.

War es eine Lüge
als ich sagte:
„Ich brauche nichts Körperliches von dir.
Nur dieses absolute Vertrauen."?
Nein, ich denke nicht.
Ich habe wirklich so gefühlt.
Damals.
In deiner Gegenwart fühle ich mich „ganz".
Und doch sehne ich mich so sehr danach
dich zu berühren.

Ich bin *Professor Snape*,
dessen Liebe sein Handeln bestimmt,
oft genug in dunkle Bahnen lenkt.
Dein *Patronus* wird zu meinem,
Seelenverwandt,
ein weißes Pferd,
durch eine wahrhaftig glückliche
Erinnerung genährt.
Und fragt *Dumbledore* mich einst:
„Nach all dieser Zeit?",
werde ich antworten,
Wahrheitsgetreu:
„Immer."

„Gute Nacht" und „Schlaf gut!"
sind Worte, die nichts wert sind,
wenn du dabei nicht neben mir liegst,
wenn du sie sagst.

Du bist meine Medizin,
die Linderung meiner Pein,
die Behandlung meiner Symptome,
die Heilung meiner Krankheit.
Doch kann ich dich
auch überdosieren,
zu viel davon einnehmen?
Eine tödliche Dosis?

Du bist ein Dieb.

Ein ordinärer Verbrecher.

Denn du hast mein Herz gestohlen.

Ein heimlicher Raub,

im Affekt und nicht geplant.

Geschehen ohne List und Gewalt

und doch entwendet.

Die Strafe dafür,

des Richters Urteil:

Lebenslänglich.

Niemals mehr wirst du ändern können,

was zwischen uns war.

Was wir hatten, gestern.

Auch kannst du mich nicht mehr ändern.

Das was ich bin, heute.

Du kannst mich nur begleiten,

auf meinem Weg.

Das was ich werde, morgen.

Sieh meine Zuneigung und Verehrung
nicht als blinde Liebe an,
sondern als Wertschätzung,
welch wunderbarer Mensch
du bist.

Wie schön wäre es,
nach Hause zu kommen
und dich dort vorzufinden.
Jeden Tag.
Die auf mich wartet.
Mit zwei kühlen Bier
und einem guten Film.
Den Alltag vor der Tür lassen
und auch alle Sorgen.
Du und ich auf dem Sofa,
gemeinsam, geborgen.

Es fehlt nur dein Name neben meinem.
An meiner Klingel.

„Jemand, der mir gerade gut tut."
Ein Satz, der mit gerade weh tut.
Jedes Mal wieder.
Weil ich weiß,
dass es nur schöner Schein ist
und Ablenkung.
Mal wieder.

So lange Zeit war alles Okay,
alles im Lot.
Ich weiß nicht, was geschehen ist,
was die Situation so sehr
verändert hat.
Eine lange Zeit war ich zufrieden,
so wie es war.
Doch hat wohl doch etwas gefehlt.
Meine Freundschaft war echt.
Doch dieses Begehr und Verlangen
hat geschlummert,
tief in mir.

Ich möchte mit dir
mein Leben verbringen.
Diesen ganzen
„In guten wie in schlechten Zeiten"-Scheiß.
Der pure Kitsch, ich weiß.
Denn die schlechten Zeiten
haben wir (fast) durch.
Jetzt kommen die guten!

Und wäre ich Nero,
so würde nach Rom
jeden Tag eine andere Stadt brennen,
Lichterloh,
bis auf die Grundfesten.
Nur um den Schein des Feuers
in deinen blauen Augen
gespiegelt zu sehen.

Immer wieder träume ich davon,

meine Tür geht auf,

du kommst herein,

nimmst mich wortlos in den Arm

und küsst mich, zärtlich und vertraut.

Legst dich neben mich,

den Kopf auf meiner Brust.

Spür dich auf meiner Haut

und mir wird klar:

dieser lange Alptraum

ist endlich vorbei.

Und es beginnt ein neuer Morgen.

Mit dir.

Was hast du,
was haben wir zu verlieren?
Außer der Schwere,
die uns beide nieder drückt.
Wir haben nur etwas zu gewinnen.
Entweder Erkenntnis
oder das Glück.

Die rechte Seite in meinem Bett
ist immer noch deine.
Der Platz neben mir
gehört immer noch dir.
Das Kissen auf meiner Brust
ist immer noch deines.
Die Wärme in meinen Amen,
für dich reserviert.

Allein die Vorstellung,
der Tagtraum
lässt mich Frohlocken,
verschafft mir Glücksgefühle.
Eine flüchtige Hoffnung,
von der ich nicht weiß,
ob sie sich je erfüllt.
Doch alleine die Hoffnung
lässt meine Herz schneller schlagen.
Hoffe ich weiter vergebens?
Völlig egal, denn du bist
die Liebe meines Lebens!

Du bist ein Wrack.
Gebeutelt vom Leben,
von Krankheit und Gebrechen,
Unsicherheit und Schwächen.
Doch jedes Wrack
birgt einen Schatz.
Nicht jeder Schatz
besteht aus Silber und Gold.
Diesen Schatz möchte ich bergen.

Und wieder lieg ich wach,
morgens um 4,
wie so oft.
Und meine Gedanken kreisen
nur um dich.

Ich liebe dieses Chaos,
das du hinterlässt,
jedes Mal, wenn du
eine Nacht bei mir warst.
Deine Klamotten, die du überall
in meiner Wohnung verteilst,
Unterwäsche im Wohnzimmer
und leere Bierflaschen
auf dem Fliesentisch.
Wie nach einem Wirbelsturm,
der Aschenbecher ist voll,
du hast mal wieder zu viel geraucht.
Du hattest Lust auf Schinken,
morgens um 3.
Ich hatte für dich extra einen gekauft.
Daran könnte ich mich gewöhnen.

Ich möchte nichts mehr,
als dass es dir gut geht,
du glücklich und zufrieden bist.
Aber ich möchte der Mensch sein,
welcher der Grund dafür ist.
Du suchst dein Glück in allen Richtungen,
dabei liegt es direkt vor dir.

Immer wieder auf der Suche,
nach diesem kurzen Hype,
der sich anfühlt wie glücklich sein.
Die Aufregung des neuen,
der Reiz des Abenteuers.

Ich habe wirklich KEINE anderen
Probleme und Sorgen mehr.
Zumindest keine von Bedeutung,
die ich nicht selbst im Griff habe.
„Nur" diese Gedanken an dich,
die mich immer wieder
glücklich und traurig machen.
Ich fühle mich wie eine kranke Seele,
jemand der einen Fehler begeht.
Nur weil ich einen Menschen
liebe und begehre
und auf Händen tragen möchte.

Natürlich hätte ich gerade die Möglichkeit,
mich „auszuleben",
meine Freiheit und das Single-sein
zu genießen.
Doch es fühlt sich falsch an,
jedes Mal.
Denn eigentlich fänd ich es schöner,
mit dir die ganze Nacht
zu trinken und zu zocken,
zu reden und träumen,
anstatt irgendwo Party zu machen.

Geduld,

eine Eigenschaft, die ich nicht besitze.

Ausdauer,

oft genug habe ich ein Ziel aufgegeben.

Willenskraft,

noch nie meine Stärke.

Treue,

erst seit kurzem ein hohes Gut.

Ehrlichkeit,

nehme ich mir so fest vor.

All das werde ich lernen und vertiefen,

nur um dich irgendwann

„mein" nennen zu können.

Zum ersten Mal im Leben,
habe ich ein wirkliches Ziel.
Auch wenn es keiner verstehen kann
und jeder versucht, es mir auszureden.
Weil es irrational und verblendet wirkt.
Doch ich möchte einfach nur
mit dir glücklich sein.
Und egal welche Rückschläge
und Schmerzen noch kommen mögen,
von meinem Ziel lasse ich mich
nicht abbringen:
Glücklich werden mit dir.

Ich fand soeben ein Haar von dir,
auf meiner Jogginghose.
Ein einfaches, unbedeutendes Haar,
lang und rotbraun gefärbt.
Eigentlich nichts Besonderes.
Und doch ist es von dir.
Ich betrachte es in meiner Hand
und frage mich, wann du es
wohl bei mir verloren hast.
Wie lange es dort schon klebt.
So etwas banales und doch
erinnert es mich – mal wieder –
an dich.

Das mit uns ist:

33% Vertrauen
10% Lust
27% Wahnsinn
20% Geborgenheit
10% Dummsuff

Aber zu 100% ehrlich.

Was fehlt mir?
Was ist es, dass ich dir nicht geben kann?
Ist es das Kribbeln im Bauch,
der schöne Schein?
Der irgendwann verblasst
und zur Gewohnheit wird?

Was ist falsch an mir?

Zeit.

Zeit war schon immer das wertvollste,
das du mir schenken konntest.
Zeit mit dir zu verbringen,
war schon immer das wunderbarste,
das du für mich tun konntest.
Ich bin süchtig danach.
Süchtig danach, Zeit mit dir zu verbringen,
egal wie banal sie auch genutzt sein möge.
Denn bei der Zeit mit dir,
habe ich nie das Gefühl,
dass sie verschwendet ist.
Und erst dann, wenn ich mit dir
gar keine Zeit mehr verbringen kann,
merke ich umso schmerzlicher,
wie sehr ich sie vermisse und brauche.
Die Zeit mit dir.

Ich kenne so viele Wörter,
doch sie alle zusammen
können nicht beschreiben
und ausdrücken,
was ich für dich empfinde.

Ich gehe Wege, die wir mal zusammen
gelaufen sind
und werde schwermütig,
bei der Erinnerung daran.
Ich sehe Bilder von Orten,
an denen wir gemeinsam waren
und wünsche uns dorthin zurück.
Die Sehnsucht bleibt
mein ewiger Begleiter.

Wir beide sind die zwei Seiten
der gleichen,
zerbrochenen Medaille.
Gemeinsam können wir uns wieder
zusammenfügen,
ganz werden.
Wieder eins.

Hänge ich nur Erinnerungen nach?
Oder wünsche ich mir nur,
dass sich diese Erinnerungen wiederholen?
Ich möchte, dass die Erinnerungen
wieder zur Gegenwart werden.

In meinem tiefsten Winter
warst du die zarte Flamme,
die mir genug Wärme gespendet hat
um nicht zu erfrieren.
Nun bin ich in einem neuen Frühling,
doch ohne dich ist mir
so furchtbar kalt.
Ich brauche dich an meiner Seite,
um in diesem kommenden Sommer
nicht zu erfrieren.

So oft versuche ich dich mir selbst
schlecht zu reden.
Mir einzureden,
du wärst gar nicht so toll,
nicht so schön und attraktiv.
Ich sage mir,
du bist gar nichts so besonderes,
kein so toller Mensch,
eine furchtbare Frau.
Was will ich denn eigentlich
von und mit dir?

Doch lüge ich mich dabei selbst an.
Und ich habe geschworen,
nicht mehr zu lügen.
Nie wieder.

Das war jetzt auch nicht so geplant,
dass du einfach so
über meinen Pen*s stolperst
und in meinem Herz landest!

Und liege ich eines Tages da,
sehe das Licht und spüre,
das Ende naht,
dann läuft eine einzelne Träne
meine Wange hinab zu einem Lächeln,
denn ich denke dabei an dich und weiß:
Ich habe in diesem Leben,
das soeben zu Ende geht,
so vieles falsch gemacht.
Aber wenigstens habe ich geliebt.
Dich.

Wenn ich es könnte,
würde ich dich festhalten
und nie wieder loslassen.

Denn du bist das beste „Upsi",
das mir jemals passiert ist.

Doch manchmal frage ich mich,
ob ich ein Fehler für dich war.

Eigentlich sollte Liebe ja
etwas Schönes sein,
etwas dass Menschen glücklich macht
und vereint.
Aber wenn sie nicht erwidert wird,
führt sie zwangsläufig dazu,
dass mindestens einer weint.

Dass ich mich so sehr nach dir sehne,
dass ich Worte für dich habe,
die ich nicht über die Lippen bringe,
ist mein Antrieb zu schreiben.
Lieber würde ich nie wieder schreiben,
weil zwischen uns keine Worte
mehr nötig sind.

Ständig bist du auf der Suche,
nach diesem
„La vie en rose",
einem Wunschtraum
fernab der Realität.
Weil die Realität zu schwer
zu ertragen ist.
Durch die rosarote Brille
wirkt alles nicht mehr so schlimm.

Müssen wir uns erst
verlieren und entfremden,
damit du irgendwann das haben möchtest,
was du nicht (mehr) haben kannst?
Muss ich mich erst selten machen
um zu gelten?
Oder wirst du mich einfach ersetzen?

Ich glaube du weißt,
du kannst mit mir glücklich sein.
Aber dein Kopf spielt dir nen Streich
und sagt Nein.

Ich will, dass du neben mir liegst
und ich dich beim schlafen
beobachten kann.
Über dein Haar streicheln,
sehen, wie du sanft atmest.
Über deinen Schlaf wachen
und dein Lächeln sehen,
wenn ich das erste bin,
was du siehst, wenn du
deine Augen öffnest.

Ich habe gegoogelt:
„Wie kommt man von einem
wunderbaren Menschen los?"
Das Suchergebnis war:
„Kämpfe verdammt nochmal um sie,
du Idiot!"

Und wenn ich morgens aufstehen muss,
um in die Arbeit zu gehen,
wünsche ich mir, dass du mich kurz
an der Hand fest hältst,
mich küsst und sagst:
„Hab einen schönen Tag,
ich warte hier auf dich!"

Wenn ich verreise, egal wohin,
habe ich nach dem ersten Tag
schon Heimweh.
Außer ich reise mit dir.
Da habe ich es nicht.
Denn du bist mein daheim –
und ich habe es dabei.

Mit dir zusammen
wird mein Kofferraum zur
Präsidenten-Suite
und der Himmel über uns
hat mehr Sterne,
als jedes Luxushotel.

Wir teilen uns Freude, Hobbys, Essen.
Vorlieben, Gedanken und Interessen.
Aber auch Sorgen, Nöte und Ängste.
Warum teilen wir uns nicht auch
ein (gemeinsames) Leben?

Ich liebe dich,
aber du mich nicht.
Du liebst mich nicht,
aber auch nicht dich.
Wenigstens einer (von uns)
liebt dich.

Würde man mir dich,
Megan Fox und Katy Perry
nackt ins Bett legen und sagen:
„Viel Spaß!",
würde ich Megan und Katy Chips und
Popcorn in die Hand drücken und sagen:
„Mädels, ihr dürft gerne zuschauen,
aber Dinge tu ich nur mit ihr!"

Ich hatte um mich viele Mauern errichtet,
gesichert mit Türmen und Stacheldraht.
Aber du hast eine Tür gefunden
um sie zu überwinden
und sie von innen Niedergerissen.
Damit ich wieder frei Leben kann.
Nun hast du dich
hinter deine eigene Mauer zurückgezogen.
Aber ich finde die – verdammte –
Tür einfach nicht!

Nach so viel
„Vorwärts" und „Rückwärts",
lass mich dein Parkplatz sein.
Er kostet dich keine Gebühr.

***

Das Cover dieses Buches ist Grün,
denn Grün ist die Farbe
der Hoffnung.

***

Eigentlich liebe ich dich genug,
dass es für uns beide reichen würde!

Ein Mensch mit Depressionen
ist wie ein Lost Place:
Sie sehen sich selbst als komplett
heruntergekommen,
die Gedanken verwildert.
Aber sie haben ihren eigenen Charme
und eine Faszination geht von ihnen aus.
Und es gibt Meschen,
die diese Schönheit sehen können
und zu schätzen wissen.

- Danke für die Inspiration an Katy und ihre Oma! :-) -

Du kannst nicht mehr neben mir schlafen,
weil du sagst,
du fühlst dich da nicht mehr wohl.
Ist das vielleicht nur,
weil du tief in dir eigentlich weißt,
dass ich doch gut für dich wäre?

Wohin ist unsere Leichtigkeit
verschwunden?
Wo haben wir sie verloren?
Liegt sie irgendwo hinter uns,
auf dem Weg,
den wir gemeinsam gegangen sind?

Unzählige Male habe ich
bei Frauen nur Nieten gezogen.
Frauen, die es eigentlich gar nicht
wert waren.
So oft wurde ich zurückgewiesen
und verletzt.
Aber auch wenn es meist
schmerzhaft war,
so war es nie von Bedeutung.
Außer bei dir.

Leichter verzehre ich mich weiterhin
nach der richtigen, die mich nicht möchte
aber mir alles bedeutet,
als immer wieder von Frauen verletzt
zu werden,
die mir eigentlich nichts bedeuten.

Berge mögen vergehen,
Meere austrocknen
oder Kontinente zerbrechen.
Aber niemals vergeht
meine Liebe zu dir!

Und immer wieder habe ich Momente,
in denen ich mich frage:
Bist du wirklich die Eine?
Die, die jedes Leid im Leben wert ist,
dass ich je ertragen musste?
Einmal nur im Leben,
möchte ich mit der Antwort
richtig liegen!

Kann ich dir nur immer das sagen,
was ich dir sagen möchte,
wenn ich betrunken bin
oder einen Stift in der Hand halte?
Warum fehlen mir die Worte immer
in deiner Gegenwart?
Warum machst du mich nur
immer so Sprachlos?

Ich glaube,
ich habe eine Allergie auf Datteln.
Weil jedes Mal,
wenn ich an einen – bestimmten –
kleinen Dattelbaum denke,
bekomme ich Herzrasen.

Wir haben mich wieder hinbekommen.

Irgendwie.

Wir bekommen auch dich wieder hin.

Irgendwie.

Und dann bekommen wir vielleicht auch

das mit uns endlich (wieder) hin.

Irgendwann.

Nostradamus sah die Zeichen.
Die alten Mayas sahen die Zeichen.
Jeder Blinde sieht die Zeichen!
Ich sehe die Zeichen auch.
Wann siehst du sie endlich?

Auch die schönsten Momente,
Erlebnisse und Erinnerungen
im Leben sind nichts wert,
wenn ich sie nicht mit dir
teilen kann.

Deine Wirkung auf mich,
ist es nur fauler Zauber
oder dunkle Magie?
Auf jeden Fall ist es
eine unheimliche Macht,
die man nicht erklären kann.
Eine höhere Macht,
die über den menschlichen Verstand
hinaus geht.
Du bist mein *Patronus* und zugleich
mein *Imperio*.
Wie ein unverzeihlicher Fluch.
Ist es wirklich ein Fluch?
Bist du mein Fluch?
Oder wirst du doch zu
meinem Segen?

Lachen ist nicht so herzhaft,
wie mit dir.
Weinen ist nicht so reinigend,
wie mit dir.
Leben ist nicht so schön,
wie mit dir.

Schon immer dachte jeder,
der uns zusammen sah,
wir wären ein Paar.
Irgendwann sagten wir Spaßes halber,
jeden kostet diese Vermutung einen 5er.
Was wären wir heut inzwischen reich!
Aber ohne Grund denkt sowas
nicht jeder.
Offenbar passen wir doch so gut zueinander.

Egal was ich tue,
ob ich beschäftigt bin oder nicht.
Ob ich einer schönen Aktivität nachgehe
oder nur in der Arbeit bin.
Ob es mir gut geht
oder ich traurig bin.
Im Unterbewusstsein denke ich
ständig an dich.

Wir haben eine Schwelle übertreten,
schon lange.
Einen Punkt, an dem es
kein Zurück mehr gibt.
Wir haben Dinge miteinander getan,
die wir nicht mehr rückgängig
machen können.
Das Kind ist in den Brunnen gefallen
und das vor langer Zeit schon.
Wird es ertrinken,
oder werden wir es noch retten (können)?

Niemand hat dich je so berührt wie ich,
ohne dass du dabei Panik empfunden hast.
Niemand ließ dich zuvor solche
Dinge spüren, wie das,
was ich dich spüren ließ.
Niemand zuvor blieb so in deinem Leben,
nachdem du ihn abgelegt hattest.
Und all das soll keine Bedeutung haben?
Ich bin Niemand.
Dein Niemand.

Bedenke, was du alles haben könntest.
Und auch, was du alles noch
verlieren könntest!

***

Wie ein Schiffbrüchiger in einem
tosenden Meer,
klammere ich mich an die Hoffnung.
Die Hoffnung.

So viele Bilder, auf Fotos gebannt.
So viele Erinnerungen, in meinem Kopf.
So viele Gefühle, in meinem Herz.

Bilder können verloren gehen.
Erinnerungen können verblassen.
Können Gefühle vergehen?

Schon klar, dass du mich nicht willst,
denn du kennst mich zu gut.
Du aber willst nur
den schönen Schein
und die Illusion.

Wie viel mehr kann ich dir noch bieten,
als ich eh schon tu?
Wie viel mehr MUSS ich dir
denn noch bieten?

***

Alles Zutreffende bitte einfügen.

Du bist:

Alles.

Du siehst Scheiße aus!
Du bedeutest mir nichts!
Du gehst mir auf den Sack!
Ich will, dass du aus meinem Leben
verschwindest!
Ich liebe dich nicht!
Mir geht es besser ohne dich!
Ich hasse dich!

Ich bin ein furchtbar schlechter Lügner.

Meine Geschichte.
Deine Geschichte.
Unsere Geschichte.

Sie ist noch nicht zu Ende.

Suchst du wirklich jemanden,
bei dem du ankommen kannst?
Sicherheit und Geborgenheit bekommst?
Oder suchst du nur
Aufmerksamkeit und Bauchkribbeln?

Setzt du vielleicht deine Prioritäten falsch?

Eines Tages
werde ich mit dir zusammen im Bett liegen,
meine Arme fest um dich geschlossen.
Ich spüre deine Haut
warm und weich an meiner
und deinen Atem sanft
auf meiner Brust.
Wir sind beide angekommen,
wo wir hingehören.
Bei dem Menschen,
zu dem wir gehören.
Rundum glücklich.
Und ich werde sagen:
„All das, war es wert!"

Du stellst es dar,
als wäre meine Liebe eine Krankheit,
die man behandeln muss.
Bin ich etwa wirklich krank?
Liebeskrank?
Gibt es dafür überhaupt eine Therapie?
Eine andere, als die Liebe selbst?

An Gott habe ich nie geglaubt.
Aber seit ich dich kenne,
glaube ich daran,
nein,
weiß ich,
dass es Engel gibt.

Und meiner trinkt Bier.

Du gabst mir Mut, als ich keinen mehr hatte.
Du hast mich zu Leichtsinn überredet,
wenn der *Bruno* in meinem Kopf
mich davon abhalten wollte.
Du hast mir Ängste genommen,
die mein Leben bestimmt haben.
Du hast mir gezeigt, dass mein Leben
auch anders aussehen kann.
Du hast mir auch gezeigt,
dass der richtige Mensch an meiner Seite
mein Leben vollkommen machen kann.

Werde ich dir das jemals
vergelten können?

Wenn die Apokalypse kommt,
möchte ich mit dir in deinem Bett sitzen,
mit Bier, Sprühsahne und *Mario Kart*.
Während draußen diese Welt untergeht,
ist meine Welt bei mir.

Wo es mir gut geht, ist meine Heimat.
Und am besten geht es mir bei dir.

***

Nach „Ich liebe dich." kommt immer ein
Punkt.
Niemals ein „aber".

***

Und wieder tu ich Dinge
und wieder komme ich nicht.
Außer ich denke dabei an dich.

Ist es eigentlich ein schönes Gefühl,
zu wissen, so sehr geliebt zu werden?
Beschreibe es mir bitte,
denn ich kenne es nicht.

Ich liebe dich.
Ich vermisse dich.
Ich sehne mich nach dir.

Copy Paste.
Copy Paste.

Ich lebe (inzwischen) selbstbestimmt.
Aber ich liebe nicht selbstbestimmt.
Ich liebe Fremdbestimmt.

***

Und wieder sitze ich neben dir.
Und wieder will ich nichts mehr
als dich zu berühren.

***

Eigentlich möchte ich ja viel lieber
Fantasy-Bücher schreiben.
Aber meine Fantasie ist belegt mit dir.

Gedanken und Gefühle
sind wie Wellen.
Mal sanft und flach,
mal hoch und brechend.
Auf dem Meer der Gedanken.

Warum sollte ich nach anderen suchen?
Nur weil du mich nicht möchtest?
Meine Suche ist beendet.

Ich kenne jede Narbe
auf deiner Seele und deinem Körper.
Jede einzelne von ihnen
macht dich einzigartig.
Keine einzige von ihnen
entstellt dich.
Jede von ihnen ist eine Auszeichnung
für überstandenen Schmerz.
Trage sie stets mit Stolz,
denn sie machen dich wunderschön!

Eine Stunde treffen mit dir
ersetzt jede Droge,
um mir gute Laune,
ein schönes Gefühl in der Brust
und ein Lächeln ins Gesicht zu zaubern!
Aber im Unterschied zur Wirkung der Droge
ist jede dieser Reaktionen
absolut echt.
Du bist besser als jede Droge.
Du bist meine Droge.

Der Weg,
den du noch zu gehen hast, ist schwer.
Er wird noch voller Dreck,
Geröll und Stolpersteinen
und oft gefährlich nahe
an einem Abhang sein.
Ich selbst bin ihn schon gegangen
und dabei oft gestrauchelt.
Ich weiß nicht, ob ich dich auf diesem Weg
führen oder an der Hand nehmen kann.
Wenn dieser Weg dich aber zu mir führt,
dann komme ich dir gerne entgegen
und hole dich ab.

Ja, ich habe schon mit vielen Frauen
geschlafen.
Manche hatten straffere Körper,
größere Brüste,
ein hübscheres Gesicht,
waren schlanker oder wohlgeformter
als du.
Und doch war keine von ihnen
jemals wie du.
Ich würde dich jeder einzelnen
von ihnen vorziehen.

Kann ich bitte mal aufhören damit,
schon wieder wach zu liegen
und dabei nur an dich zu denken?
Danke.

Es mag Verblendung sein,
aber ist Liebe nicht immer,
von etwas geblendet zu sein?

Manchmal glaube ich,
du wirst mich erst dann wollen,
wenn ich dich nicht mehr will.

Und das wird nicht passieren.

Ich bin nicht arm,
aber auch nicht reich.
Trotzdem würde ich all mein Geld
mit Freuden ausgeben,
nur für ein glückliches Lächeln von dir.
Denn dieses mach mich reich,
selbst wenn ich dadurch arm werde.

Ich werfe Dinge nicht gleich weg,
wenn ich sie nicht mehr haben darf.
Sondern ich halte
an den guten Dingen fest.
Klar, könnte ich woanders auch
glücklich werden. Irgendwie.
Auf eine künstliche Art und Weise.
Doch warum weiter
nach einem Ersatz suchen,
wenn das Glück doch so nah ist?

Und wieder habe ich einen Anfall
vom „*Kleiner Dattelbaum-Syndrom*".
Und vermisse dich einfach nur.

Du sagtest, du hast mich unendlich lieb.
Gilt das immer noch?
Du hast versprochen,
du lässt mich niemals alleine.
Kann ich mich darauf noch verlassen?
Dann, wenn Versprechen
nichts mehr wert sind?

Ich habe Schulden auf meinem Konto.
Dabei spreche ich nicht von Geld.
Ich verdanke dir so unglaublich viel,
dass ich nicht weiß,
ob ich dir das jemals
zurückzahlen kann.
Du hast mich befreit,
zu einem besseren Menschen gemacht
und niemals aufgegeben.

Und wie viele Bücher
werde ich noch schreiben,
alle in Gedanken an dich?
In denen ich alles verarbeite,
meine Gedanken und Gefühle für dich.
Ich weiß, auch du schreibst Bücher
und ich frage mich,
schreibst du dort auch über mich?
Lass uns das nächste Buch
gemeinsam schreiben.
Unsere Geschichte gemeinsam
weiter schreiben.

Deine lange Reise,
deine Odyssee,
verirrt und verloren,
kann ein Ende finden.
Einen sicheren Hafen,
bei mir kannst du ankommen,
gerettet aus dem Gedankenmeer.
Und dein Zuhause
und deinen Frieden finden.

Ich würde dir ja gerne ein
Liebeslied schreiben,
aber leider bin ich nicht musikalisch,
kann weder ein Instrument spielen
noch singen.
Also schreibe ich dir lieber Bücher,
denn das kann ich wenigstens.
Und ich weiß, wie sehr du Bücher liebst.
Stell dir einfach vor,
wie ich mit der *Boombox* vor deinem
Fenster stehe
und dir dieses Buch vorsinge.

Hat für dich schon jemals wer, solch (schöne?) Worte verloren?

Nachwort

Offenbar sind Leid und Schmerz der Kraftstoff, welcher meine Kreativität antreibt. Also sei es drum und ich nutze diesen Antrieb aus, um meine Gefühle und Gedanken zu Papier zu bringen. Denn das Schreiben ist für mich nach wie vor eine Form der Therapie. Um Dinge zu verarbeiten, die in meinem Kopf Kreise ziehen und mich belasten.

Mir wurde attestiert, dass ich im geschriebenen Wort besser bin, als im gesprochenen. So nutze ich also das geschriebene, um in Worte zu fassen, was ich verbal nicht ausdrücken kann.

Eines Tages werde ich ein Buch schreiben, das keine unglückliche, sondern eine glückliche Liebe zum Thema hat. Ich hoffe, dass diese meine Kreativität genauso antreibt, wie das Leid und der Schmerz meines Verlangens, meiner Sehnsucht und Wünsche.

Dieses Buch war eine Reise. Eine weitere Reise durch die Welt meiner Gedanken und Gefühle.
Auf einem schwankenden Schiff, durch das Meer meiner Gedanken.
Gefühle sind Momentaufnahmen. Und auch wenn manche Stellen sich im Nachhinein krass lesen, so habe ich sie einfach so gefühlt, in dem Moment, in dem ich sie aufgeschrieben habe.

Und nach wie vor schweben über allem die Worte von *Machine Gun Kelly*:

„I need you more than life."

Ich liebe dich.

Nur für den Fall, das ich es zuvor nicht bereits irgendwo erwähnt haben sollte.

Und ich habe nicht vor, damit aufzuhören.